NCT'S KOREAN VOCABULARY NOTE MINI BOOK

KB209321

Global Edition

Written by **KOY LABS** 김영사

밥
[bap]

김치
[gim-chi]

김치찌개
[gim-chi-jji-gae]

한식 Hansik

rice

kimchi

kimchi stew

한식 Hansik

된장찌개
[doen-jang-jji-gae]

비빔밥
[bi-bim-ppap]

불고기
[bul-go-gi]

한식 Hansik

soybean paste stew

bibimbap

bulgogi

한식 Hansik

삼겹살
[sam-gyeop-ssal]

김밥
[gim-ppap]

떡볶이
[tteok-ppo-kki]

한식 Hansik

grilled pork belly

gimbap

tteokbokki

귤
[gyul]

딸기
[ttal-gi]

배
[bae]

과일 Gwail

mandarin

strawberry

pear

과일 Gwail

사과
[sa-gwa]

복숭아
[bok-ssung-a]

수박
[su-bak]

과일 Gwail

apple

peach

watermelon

과일 Gwail

망고
[mang-go]

포도
[po-do]

바나나
[ba-na-na]

과일 Gwail

mango

grape

banana

간식
[gan-sik]

과자
[gwa-ja]

커피
[keo-pi]

간식 Gansik

snack

biscuit

coffee

간식 Gansik

케이크
[ke-i-keu]

아이스크림
[a-i-seu-keu-lim]

떡
[tteok]

간식 Gansik

cake

ice cream

rice cake

간식 Gansik

빵
[ppang]

사탕
[sa-tang]

초콜릿
[cho-kol-lit]

간식 Gansik

bread

candy

chocolate

웃다
[ut-tta]

행복하다
[haeng-bok-ha-da]

슬프다
[seul-peu-da]

기분 Gibun

laugh

happy

sad

기분 Gibun

미안하다
[mi-an-ha-da]

즐겁다
[jeul-geop-tta]

편안하다
[pyeon-an-ha-da]

기분 Gibun

sorry

pleasant

comfortable

기분 Gibun

무섭다
[mu-seop-tta]

떨리다
[tteol-li-da]

재미있다
[jae-mi-it-tta]

기분 Gibun

scary

tremble

funny

감기
[gam-gi]

기침
[gi-chim]

콧물
[kon-mul]

건강 Geongang

cold

cough

runny nose

건강 Geongang

두통
[du-tong]

열
[yeol]

약
[yak]

건강 Geongang

headache

fever

medicine

건강 Geongang

낫다
[nat-tta]

아프다
[a-peu-da]

조심하다
[jo-sim-ha-da]

건강 Geongang

get better

ache

be careful

강아지
[gang-a-ji]

고양이
[go-yang-i]

토끼
[to-kki]

동물 Dongmul

dog

cat

rabbit

동물 Dongmul

오리
[o-ri]

호랑이
[ho-rang-i]

사자
[sa-ja]

동물 Dongmul

duck

tiger

lion

동물 Dongmul

코끼리
[ko-kki-ri]

사슴
[sa-seum]

돼지
[dwae-ji]

동물 Dongmul

elephant

deer

pig

따뜻하다
[tta-tteu-ta-da]

흐리다
[heu-ri-da]

나쁘다
[na-ppeu-da]

날씨 Nalssi

warm

cloudy

bad

날씨 Nalssi

맑다
[mak-tta]

좋다
[jo-ta]

쌀쌀하다
[ssal-ssal-ha-da]

날씨 Nalssi

clear

fine / good

chilly

날씨 Nalssi

춥다
[chup-tta]

덥다
[deop-tta]

습하다
[seu-pa-da]

날씨 Nalssi

cold

hot

humid

어제
[eo-je]

오늘
[o-neul]

내일
[nae-il]

시간 1 Sigan

yesterday

today

tomorrow

46

시간 1 Sigan

지난주
[ji-nan-ju]

이번 주
[i-beon ju]

다음 주
[da-eum ju]

시간 1 Sigan

last week

this week

next week

시간 1 Sigan

작년
[jang-nyeon]

올해
[ol-hae]

내년
[nae-nyeon]

시간 1 Sigan

last year

this year

next year

아침
[a-chim]

점심
[jeom-sim]

저녁
[jeo-nyeok]

시간 2 Sigan

morning

lunch

evening

시간 2 Sigan

새벽
[sae-byeok]

밤
[bam]

낮
[nat]

시간 2 Sigan

dawn

night

day

시간 2 Sigan

평일
[pyeong-il]

주말
[ju-mal]

공휴일
[gong-hyu-il]

시간 2 Sigan

weekday

weekend

holiday

보다
[bo-da]

듣다
[deut-tta]

말하다
[mal-ha-da]

활동 Hwaldong

see

hear / listen

say / tell

활동 Hwaldong

먹다
[meok-tta]

가다
[ga-da]

오다
[o-da]

활동 Hwaldong

eat

go

come

활동 Hwaldong

걷다
[geot-tta]

자다
[ja-da]

읽다
[ik-tta]

활동 Hwaldong

walk

sleep

read

공원
[gong-won]

영화관
[yeong-hwa-gwan]

놀이동산
[no-li-dong-san]

장소 Jangso

park

cinema

amusement park

장소 Jangso

매표소
[mae-pyo-so]

미용실
[mi-yong-sil]

노래방
[no-rae-bang]

장소 Jangso

ticket office

hair salon

singing room

장소 Jangso

식당
[sik-ttang]

카페
[ka-pe]

고향
[go-hyang]

장소 Jangso

restaurant

cafe

hometown

소고기
[so-go-gi]

돼지고기
[dwae-ji-go-gi]

계란
[gye-ran]

요리 재료 Yori Jaelyo

beef

pork

eggs

요리 재료 Yori Jaelyo

두부
[du-bu]

소금
[so-geum]

된장
[doen-jang]

요리 재료 Yori Jaelyo

tofu

salt

soybean paste

요리 재료 Yori Jaelyo

고추장
[go-chu-jang]

설탕
[seol-tang]

간장
[gan-jang]

요리 재료 Yori Jaelyo

hot pepper paste

sugar

soy sauce

자르다
[ja-reu-da]

썰다
[sseol-da]

깎다
[kkak-tta]

요리하기 Yorihagi

to chop

to slice

to peel

요리하기 Yorihagi

끓이다
[kkeu-li-da]

찌다
[jji-da]

튀기다
[twi-gi-da]

요리하기 Yorihagi

to boil

to steam

to fry

요리하기 Yorihagi

굽다
[gup-tta]

볶다
[bok-tta]

넣다
[neo-ta]

요리하기 Yorihagi

to grill

stir-fried

to add

봄
[bom]

구름
[gu-reum]

꽃
[kkot]

자연 Jayeon

spring

cloud

flower

자연 Jayeon

나무
[na-mu]

바다
[ba-da]

바람
[ba-ram]

자연 Jayeon

tree

sea

wind

자연 Jayeon

눈
[nun]

비
[bi]

하늘
[ha-neul]

자연 Jayeon

snow

rain

sky

빌딩
[bil-ding]

도로/길
[do-ro/gil]

신호등
[sin-ho-deung]

도시 Dosi

building

road/street

traffic light

도시 Dosi

정류장
[jeong-nyu-jang]

편의점
[pyeo-nui-jeom]

지하철역
[ji-ha-cheol-ryeok]

도시 Dosi

bus stop

convenience store

subway station

도시 Dosi

횡단보도
[hoeng-dan-bo-do]

아파트
[a-pa-teu]

다리
[da-ri]

도시 Dosi

crosswalk

apartment

bridge

배
[bae]

기차
[gi-cha]

버스
[beo-seu]

교통 Gyotong

boat

train

bus

교통 Gyotong

비행기
[bi-haeng-gi]

택시
[taek-si]

공항
[gong-hang]

교통 Gyotong

airplane

taxi

airport

교통 Gyotong

자전거
[ja-jeon-geo]

자동차
[ja-dong-cha]

터미널
[teo-mi-neol]

교통 Gyotong

bicycle

car

terminal

마트
[ma-teu]

현금
[hyeon-geum]

시장
[si-jang]

장보기 Jangbogi

mart

cash

market

장보기 Jangbogi

계산하다
[gye-san-ha-da]

할인
[ha-lin]

봉투
[bong-tu]

장보기 Jangbogi

calculate

discount

bag

장보기 Jangbogi

쇼핑카트
[syo-ping-ka-teu]

카드
[ka-deu]

영수증
[yeong-su-jeung]

장보기 Jangbogi

shopping cart

card

receipt

예약하다
[ye-ya-ka-da]

맡기다
[mat-kki-da]

조식
[jo-sik]

숙소 Sukso

make a reservation

leave

breakfast

숙소 Sukso

묵다
[muk-tta]

빈방
[bin-bang]

짐
[jim]

숙소 Sukso

stay

vacancy

luggage

숙소 Sukso

싸다
[ssa-da]

풀다
[pul-da]

취소하다
[chwi-so-ha-da]

숙소 Sukso

pack

unpack

cancel

영화 감상
[yeong-hwa gam-sang]

독서
[dok-sseo]

운동
[un-dong]

취미 Chwimi

watching movies

reading

exercise

취미 Chwimi

음악
[eu-mak]

사진
[sa-jin]

그림
[geu-rim]

취미 Chwimi

music

photography

drawing

취미 Chwimi

게임
[ge-im]

등산
[deung-san]

취미
[chwi-mi]

취미 Chwimi

game

hiking

hobby

축구
[chuk-kku]

농구
[nong-gu]

야구
[ya-gu]

스포츠 Seupocheu

soccer

basketball

baseball

스포츠 Seupocheu

스키
[seu-ki]

배드민턴
[bae-deu-min-teon]

테니스
[te-ni-seu]

스포츠 Seupocheu

skiing

badminton

tennis

스포츠 Seupocheu

수영
[su-yeong]

태권도
[tae-gwon-do]

볼링
[bol-ling]

스포츠 Seupocheu

swimming

taekwondo

bowling

수업
[su-eop]

숙제
[suk-jje]

출석
[chul-sseok]

학교 Hakgyo

class

homework

attendance

학교 Hakgyo

지각하다
[ji-ga-ka-da]

입학하다
[i-pa-ka-da]

교복
[gyo-bok]

학교 Hakgyo

be late

enroll

school uniform

학교 Hakgyo

반장
[ban-jang]

교무실
[gyo-mu-sil]

급식
[geup-ssik]

학교 Hakgyo

class leader

teacher's office

school meal

학생
[hak-ssaeng]

선생님
[seon-saeng-nim]

회사원
[hoe-sa-won]

직업 Jigeop

student

teacher

office worker

직업 Jigeop

의사
[ui-sa]

간호사
[gan-ho-sa]

경찰
[gyeong-chal]

직업 Jigeop

doctor

nurse

police officer

직업 Jigeop

소방관
[so-bang-gwan]

운동선수
[un-dong-seon-su]

요리사
[yo-ri-sa]

직업 Jigeop

firefighter

athlete

chef

보내다
[bo-nae-da]

받다
[bat-tta]

공유하다
[gong-yu-ha-da]

소셜 미디어 Sosyeol Midieo

send

receive

share

소셜 미디어 Sosyeol Midieo

올리다
[ol-li-da]

쓰다
[sseu-da]

댓글
[dae-kkeul]

소셜 미디어 Sosyeol Midieo

upload

write

comment

소셜 미디어 Sosyeol Midieo

저장하다
[jeo-jang-ha-da]

추가하다
[chu-ga-ha-da]

누르다
[nu-reu-da]

소셜 미디어 Sosyeol Midieo

save

add

press

데이트
[de-i-teu]

소개팅
[so-gae-ting]

미팅
[mi-ting]

연애 Yeonae

date

blind date

group blind date

연애 Yeonae

사귀다
[sa-gwi-da]

좋아하다
[jo-a-ha-da]

여자 친구
[yeo-ja chin-gu]

연애 Yeonae

be in a relationship

like

girlfriend

연애 Yeonae

남자 친구
[nam-ja chin-gu]

헤어지다
[he-eo-ji-da]

사랑하다
[sa-rang-ha-da]

연애 Yeonae

boyfriend

break up

love

놀다
[nol-da]

만나다
[man-na-da]

우정
[u-jeong]

친구 Chingu

play

meet

friendship

친구 Chingu

싸우다
[ssa-u-da]

화해하다
[hwa-hae-ha-da]

데려오다
[de-ryeo-o-da]

친구 Chingu

fight

reconcile

bring along

친구 Chingu

부르다
[bu-reu-da]

친하다
[chin-ha-da]

소중하다
[so-jung-ha-da]

친구 Chingu

call

be close

cherish

달다
[dal-da]

짜다
[jja-da]

맵다
[maep-tta]

맛 Mat

sweet

salty

spicy

맛 Mat

시다
[si-da]

싱겁다
[sing-geop-tta]

쓰다
[sseu-da]

맛 Mat

sour

not salty enough

bitter

맛 Mat

고소하다
[go-so-ha-da]

맛있다
[ma-sit-tta]

맛없다
[ma-deop-tta]

맛 Mat

nutty

delicious

tasteless

입사
[ip-ssa]

선배
[seon-bae]

후배
[hu-bae]

사회생활 Sahoesaenghwal

join a company

senior

junior

사회생활 Sahoesaenghwal

회식
[hoe-sik]

퇴근하다
[toe-geun-ha-da]

아르바이트
[a-reu-ba-i-teu]

사회생활 Sahoesaenghwal

work dinner

get off work

part time job

사회생활 Sahoesaenghwal

월급
[wol-geup]

회사
[hoe-sa]

출근
[chul-geun]

사회생활 Sahoesaenghwal

monthly salary

company

go to work

흰색
[hin-saek]

검은색
[geo-meun-saek]

초록색
[cho-rok-ssaek]

색 Saek

white

black

green

색 Saek

노란색
[no-ran-saek]

빨간색
[ppal-gan-saek]

파란색
[pa-ran-saek]

색 Saek

yellow

red

blue

색 Saek

주황색
[ju-hwang-saek]

분홍색
[bun-hong-saek]

보라색
[bo-ra-saek]

색 Saek

orange

pink

purple

예쁘다
[ye-ppeu-da]

귀엽다
[gwi-yeop-tta]

잘생기다
[jal-saeng-gi-da]

외모 Oemo

pretty

cute

handsome

외모 Oemo

못생기다
[mot-ssaeng-gi-da]

크다
[keu-da]

아름답다
[a-reum-dap-tta]

173

외모 Oemo

ugly

big

beautiful

외모 Oemo

작다
[jak-tta]

날씬하다
[nal-ssin-ha-da]

뚱뚱하다
[ttung-ttung-ha-da]

외모 Oemo

small

slim

overweight

쇼핑하다
[syo-ping-ha-da]

사다
[sa-da]

싸다
[ssa-da]

쇼핑 Syoping

to shop

to buy

cheap

쇼핑 Syoping

가격
[ga-gyeok]

비싸다
[bi-ssa-da]

교환하다
[gyo-hwan-ha-da]

쇼핑 Syoping

price

expensive

to exchange

쇼핑 Syoping

사이즈
[sa-i-jeu]

포장하다
[po-jang-ha-da]

깎다
[kkak-tta]

쇼핑 Syoping

size

to wrap

discount

소파
[so-pa]

텔레비전
[te-le-bi-jeon]

거울
[geo-ul]

집 Jip

sofa

television

mirror

집 Jip

옷장
[ot-jjang]

에어컨
[e-eo-keon]

침대
[chim-dae]

집 Jip

wardrobe

air conditioner

bed

집 Jip

식탁
[sik-tak]

책장
[chaek-jjang]

선풍기
[seon-pung-gi]

집 Jip

dining table

bookshelf

fan

복사기
[bok-ssa-gi]

명함
[myeong-ham]

서류
[seo-ryu]

사무실 Samusil

photocopier

business card

document

사무실 Samusil

회의실
[hoe-ui-sil]

컴퓨터
[keom-pyu-teo]

서랍
[seo-rap]

사무실 Samusil

conference room

computer

drawer

사무실 Samusil

도장
[do-jang]

슬리퍼
[seul-li-peo]

전화기
[jeon-hwa-gi]

사무실 Samusil

stamp

slippers

telephone

샴푸
[syam-pu]

린스
[rin-seu]

세면대
[se-myeon-dae]

목욕 Mogyok

shampoo

hair conditioner

sink

목욕 Mogyok

수건
[su-geon]

칫솔
[chi-ssol]

치약
[chi-yak]

목욕 Mogyok

towel

toothbrush

toothpaste

목욕 Mogyok

비누
[bi-nu]

욕조
[yok-jjo]

샤워
[sya-wo]

목욕 Mogyok

soap

bathtub

shower

숟가락
[sut-kka-rak]

젓가락
[jeo-kka-rak]

메뉴
[me-nyu]

식당 Sikdang

spoon

chopstick

menu

식당 Sikdang

컵
[keop]

그릇
[geu-reut]

접시
[jeop-si]

식당 Sikdang

cup

bowl

plate

식당 Sikdang

음료수
[eum-nyo-su]

음식
[eum-sik]

반찬
[ban-chan]

식당 Sikdang

drink

food

side dish

연필
[yeon-pil]

볼펜/펜
[bol-pen]

지우개
[ji-u-gae]

문구 Mungu

pencil

ballpoint pen

eraser

문구 Mungu

자
[ja]

메모지
[me-mo-ji]

책
[chaek]

문구 Mungu

ruler

memo pad

book

문구 Mungu

필통
[pil-tong]

풀
[pul]

색연필
[saeng-nyeon-pil]

문구 Mungu

pencil case

glue

colored pencil

치마
[chi-ma]

바지
[ba-ji]

티셔츠
[ti-syeo-cheu]

패션 1 Paesyeon

skirt

pants

T-shirt

NCT'S KOREAN VOCABULARY NOTE

패션 1 Paesyeon

양말
[yang-mal]

구두
[gu-du]

운동화
[un-dong-hwa]

패션 1 Paesyeon

socks

shoes

sneakers

패션 1 Paesyeon

옷
[ot]

안경
[an-gyeong]

렌즈
[ren-jeu]

패션 1 Paesyeon

clothes

glasses

contact lenses

단발
[dan-bal]

앞머리
[am-meo-ri]

생머리
[saeng-meo-ri]

패션 2 Paesyeon

bob haircut

bangs

natural hair

패션 2 Paesyeon

화장품
[hwa-jang-pum]

파마
[pa-ma]

빗
[bit]

패션 2 Paesyeon

beauty products

perm

comb

패션 2 Paesyeon

가발
[ga-bal]

모자
[mo-ja]

머리핀
[meo-ri-pin]

패션 2 Paesyeon

wig

hat

hairpin

가스레인지
[ga-seu-re-in-ji]

프라이팬
[peu-ra-i-paen]

냄비
[naem-bi]

조리 도구 Jori Dogu

gas range

frying pan

pot

조리 도구 Jori Dogu

가위
[ga-wi]

전자레인지
[jeon-ja-re-in-ji]

밥솥
[bap-ssot]

조리 도구 Jori Dogu

scissors

microwave

rice cooker

조리 도구 Jori Dogu

칼
[kal]

국자
[guk-jja]

도마
[do-ma]

조리 도구 Jori Dogu

knife

ladle

cutting board

얼굴
[eol-gul]

눈
[nun]

코
[ko]

신체 1 Sinche

face

eyes

nose

신체 1 Sinche

입

[ip]

귀

[gwi]

손

[son]

신체 1 Sinche

mouth

ears

hands

신체 1 Sinche

발
[bal]

팔
[pal]

다리
[da-ri]

신체 1 Sinche

feet

arms

legs

손바닥
[son-ppa-dak]

손가락
[son-kka-rak]

발바닥
[bal-ppa-dak]

신체 2 Sinche

palm

fingers

sole

신체 2 Sinche

발가락
[bal-kka-rak]

손톱
[son-top]

보조개
[bo-jo-gae]

신체 2 Sinche

toes

fingernails

dimple

신체 2 Sinche

쌍꺼풀
[ssang-kkeo-pul]

눈썹
[nun-sseop]

속눈썹
[song-nun-sseop]

신체 2 Sinche

double eyelids

eyebrows

eyelashes

~씨
[~ssi]

~님
[~nim]

야
[ya]

호칭 Hoching

Mr/Mrs

Mr/Mrs(respectable)

hey

호칭 Hoching

나
[na]

너/당신
[neo/dang-sin]

그
[geu]

호칭 Hoching

I

you

he

호칭 Hoching

그녀
[geu-nyeo]

아주머니
[a-ju-meo-ni]

아저씨
[a-jeo-ssi]

호칭 Hoching

she

ma'am

sir

할머니
[hal-meo-ni]

할아버지
[hal-a-beo-ji]

엄마
[eom-ma]

가족 Gajok

grandmother

grandfather

mother

가족 Gajok

아빠
[a-ppa]

형
[hyeong]

오빠
[o-ppa]

가족 Gajok

father

older brother
(used by males)

older brother
(used by females)

가족 Gajok

누나
[nu-na]

언니
[eon-ni]

동생
[dong-saeng]

가족 Gajok

older sister
(used by males)

older sister
(used by females)

younger sibling

영화
[yeong-hwa]

영화배우
[yeong-hwa-bae-u]

예매하다
[ye-mae-ha-da]

대중문화 1 Daejungmunhwa

movie

actor/actress

book/reserve

대중문화 1 Daejungmunhwa

좌석
[jwa-seok]

연극
[yeon-geuk]

표
[pyo]

대중문화 1 Daejungmunhwa

seat

play

ticket

대중문화 1 Daejungmunhwa

뮤지컬
[myu-ji-keol]

입장권
[ip-jjang-kkwon]

초대장
[cho-dae-jjang]

대중문화 1 Daejungmunhwa

musical

admission ticket

invitation

드라마
[deu-la-ma]

연기하다
[yeon-gi-ha-da]

연기자
[yeon-gi-ja]

대중문화 2 Daejungmunhwa

drama

to act

actor

대중문화 2 Daejungmunhwa

대본
[dae-bon]

남자 주인공
[nam-ja ju-in-gong]

여자 주인공
[yeo-ja ju-in-gong]

대중문화 2 Daejungmunhwa

script

male lead

female lead

대중문화 2 Daejungmunhwa

등장인물
[deung-jang-in-mul]

찍다
[jjik-da]

무대
[mu-dae]

대중문화 2 Daejungmunhwa

character

to film

stage

앵커
[aeng-keo]

신문
[sin-mun]

라디오
[ra-di-o]

대중매체 Daejungmaeche

anchor

newspaper

radio

대중매체 Daejungmaeche

광고
[gwang-go]

뉴스
[nyu-seu]

방송
[bang-song]

대중매체 Daejungmaeche

advertisement

news

broadcasting

대중매체 Daejungmaeche

방송국
[bang-song-guk]

신문사
[sin-mun-sa]

잡지
[jap-jji]

대중매체 Daejungmaeche

broadcasting station

newspaper company

magazine

어린이집
[eo-ri-ni-jip]

유치원
[yu-chi-won]

초등학교
[cho-deung-hak-kkyo]

교육 시설 Gyoyuk Siseol

daycare center

kindergarten

elementary school

교육 시설 Gyoyuk Siseol

중학교
[jung-hak-kkyo]

고등학교
[go-deung-hak-kkyo]

대학교
[dae-hak-kkyo]

교육 시설 Gyoyuk Siseol

middle school

high school

university

교육 시설 Gyoyuk Siseol

대학원
[dae-ha-gwon]

학원
[ha-gwon]

도서관
[do-seo-gwan]

교육 시설 Gyoyuk Siseol

graduate school

cram school

library

아이돌
[a-i-dol]

팬클럽
[paen-keul-leob]

응원봉
[eung-won-bong]

아이돌 문화 Aidol Munhwa

idol

fan club

light stick

아이돌 문화 Aldol Munhwa

뮤직비디오
[myu-jik-bi-di-o]

앨범
[ael-beom]

노래
[no-rae]

아이돌 문화 Aidol Munhwa

music video

album

song

아이돌 문화 Aidol Munhwa

춤
[chum]

콘서트
[kon-seo-teu]

가사
[ga-sa]

아이돌 문화 Aldol Munhwa

dance

concert

lyrics

유리병
[yu-ri-beong]

플라스틱
[peul-la-seu-tik]

캔
[kaen]

재활용 Jaehwaryong

glass bottle

plastic

can

재활용 Jaehwaryong

비닐
[bi-nil]

음식물 쓰레기
[eum-sing-mul sseu-re-gi]

종이
[jong-i]

재활용 Jaehwaryong

plastic bag

food waste

paper

재활용 Jaehwaryong

쓰레기
[sseu-re-gi]

버리다
[beo-ri-da]

재활용
[jae-hwa-ryong]

재활용 Jaehwaryong

trash

to dispose of

recycling

궁
[gung]

한복
[han-bok]

갓
[gat]

전통문화 Jeontongmunhwa

palace

hanbok

gat

전통문화 Jeontongmunhwa

설날
[seol-lal]

윷놀이
[yun-no-ri]

한옥
[ha-nok]

전통문화 Jeontongmunhwa

Korean New Year

yutnori

hanok

전통문화 Jeontongmunhwa

부채춤
[bu-chae-chum]

떡국
[tteok-kkuk]

제기차기
[je-gi-cha-gi]

전통문화 Jeontongmunhwa

fan dance

rice cake soup

jegichagi

백일
[bae-gil]

생일
[saeng-il]

한글날
[han-geul-lal]

기념일 Ginyeomil

100th day celebration

birthday

Hangeul Day

기념일 Ginyeomil

광복절
[gwang-bok-jjeol]

개천절
[gae-cheon-jeol]

어버이날
[eo-beo-i-nal]

기념일 Ginyeomil

National Liberation Day

National Foundation Day

Parents' Day

기념일 Ginyeomil

어린이날
[eo-ri-ni-nal]

삼일절
[sam-il-jjeol]

현충일
[hyeon-chung-il]

기념일 Ginyeomil

Children's day

Independence Movement Day

Memorial Day